ひかりのくに保育

保育が
魔法の

子どもの　保護者と　要録記入の　困った場面

ネガ➡ポジ・言い換え48

東京成徳大学教授・塩谷　香／著

はじめに（塩谷先生の魔法の講義）

魔法の講義
その1

この本は、子どもも保護者も保育者も、みんなが幸せになる「**トリプルウィン**」を目ざしています。その考え方と言葉の使い方についてお伝えします。

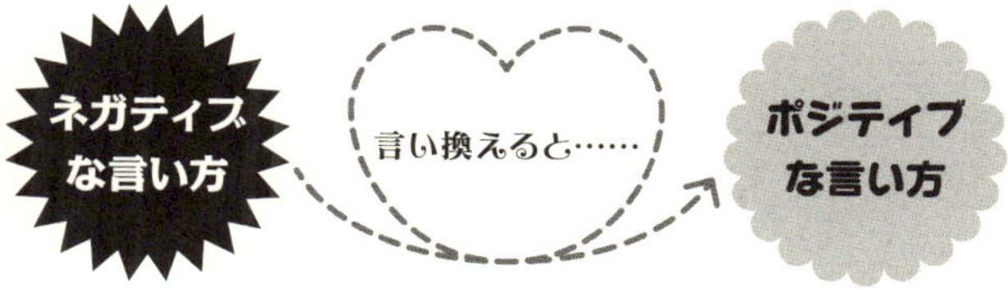
ネガティブな言い方
言い換えると……
ポジティブな言い方

よくある場面における上の図の例をわかりやすく示し、うわべだけでなく、その心も解説しています。

みんなが幸せになるために、保育者の言葉はとても大切。

よい言葉
よいコミュニケーション

親子も ← 人と心が通じ合う＝うれしい！　これをいっぱいつくる。

⬇

言葉を使わざるを得ない。
（表情やしぐさは言葉についてくる）

⬇

言葉の選び方・使い方は、ほんとうに大切。

⬇

いいことを思っていても、言葉にしないと伝わらない。

⬇

言葉をよい方向に換えれば、あなたも幸せになる。

次のページでは、あなたの今を考えてみましょう。

魔法の講義
その2

あなたは今、自分の思い込みや悩みで、自分を苦しめてしまっているかも……です。

こんなふうに考えていませんか？

＊担任として＊

「子どもの集団をまとめなければならない」
「子どもには教えていかなければいけない」
「厳しくしつけることも必要」
「好き嫌いはわがままだ」……などと気負って、

- 集団をしっかりとまとめられて当然（例えば発表会ではすばらしいプログラムをこなす、など）。
- 子どもは皆いい子で話も聞き、行動でき、わがままなどで困らせる子はいない。

という保育の状況をつくれるのが優れた保育者だと思い込んでいませんか？

自分の思い込みや悩みに気づいたら、

見えていなかった周りのことを考えてみましょう。

↓

実は、「みんなわたしと同じかも」……なのです。

＝

自分と同じように傷ついたり苦しんだりしている子どもや保護者がいないか、考えてみましょう。

→まず、そのことに気づきましょう。

＊保護者に対して＊

「保護者は親として子どもを第一に考えて、子どものために家庭での生活をしっかりと考えてくれているものだ」

「保育者を先生として見てくれて、アドバイスも聞いてくれる（確かに中にはそういう保護者もいるが）、わたしのクラスの子どもの親なのだから、それはあたりまえだ」……

そんな思いが意識せずともふつふつとわいてきて、

- なぜ聞いてくれないの！
- なぜ伝わらないの！
- 自分の力が足りないから？

と、悩んでしまっていませんか？

→ **周りに目を向けてみると……**

　きっと、子どもや保護者、そして職場の仲間があなたを心配し、思いやってくれています。そのことに気づけるように、今の自分から少し抜け出してみませんか？　そうすれば、きっと自分が変わります。

次のページでは、自分が変わることについて示しています。

魔法の講義 その3

「人を変えることはできないが、自分を変えることはできる」と、よくいわれますが……

自分を変えることもなかなか……でも

自分を変えることはそんなに簡単なことではないのかもしれません。でも、変えるまでには至らなくても、前のページで示したようなことに気づけば、少しずつ周囲の状況も変わってくるはずです。なぜなら……

あなたの発する言葉が変わってくるからです。

自分と同じように傷つき、苦しみ、悩んでいる子どもや保護者がいる……ということに気づけば、そして、周りのだれかがあなたのことを心配してくれていることにも気づけば、気持ちが変わってきますね。

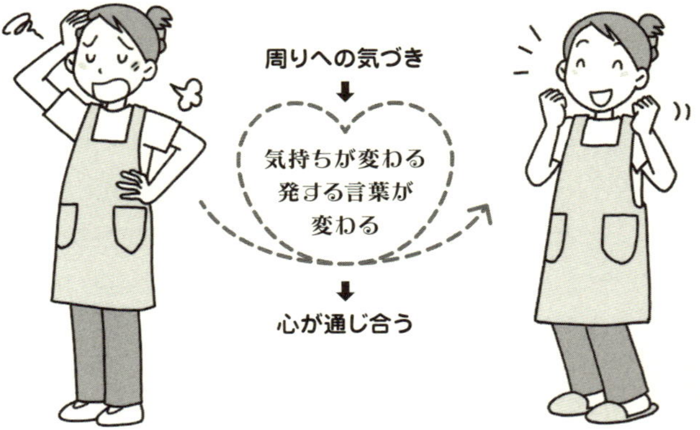

例えば子どもに対して、

だめ！ 今は〜しちゃいけないんだよ。
わかった？
みんなはちゃんとやっているでしょ！

と、一方的に自分の思いだけを伝えようとしていた言葉が、

○○ちゃんは〜したいんだよね。
でも、今これをすると、〜なるんだよ。
みんなといっしょにやったら
きっと楽しいよ。

と、子どもの思いを受け止め、見通しを与え、そして気持ちがプラスになっていく言葉に変わってくるのです。

↓

- そして、どんな保護者も、きっと子どもに対する思いは持っている、そう思えるようになっていきます。

↓

- そうなると、保護者にかける言葉が変わってくるでしょう。

↓

- きっと、保護者との関係もよい方向に変わっていきます。

心が通じ合う＝人がいちばん幸せを感じられる
この体験を積み重ねて言葉を換えていけば、
周りもあなたももっと幸せ（トリプルウィン）になります。

次のページでは、保育者の仕事を、このようなコミュニケーションの面から整理しています。

魔法の講義
その4

きっと伝わる保育者の言葉

**子どもも保護者も保育者も、
みんなが幸せになる考え方と言葉の使い方とは**

①保育者の専門性を発揮して、子どもと保護者を幸せにする方法

～子どもと保護者をまるごと支援していこう～

保育や教育の究極の目的、それはその子ども自身の幸せにあります。これからのその子どもの人生が豊かに実りあるものになるために、すなわちより幸せになるために仕事をする、それが保育者(教育者)の「子どもの最善の利益」を守るという使命になるのです。

しかし子どもの幸せは育つ家庭によって大きく左右されるのも事実です。保護者が親として子どものかわいさに気づき、心から子どもの成長を願って愛情を込めて子どもと接することが、子どもの幸せに直結します。つまり子どもの最善の利益を守ることは、子どもの育つ家庭を支援すること抜きにはあり得ないのです。

保育者は、子どものことを思うゆえに保護者を非難したくなるような気持ちにとらわれることが多々あるのも事実です。しかし、園はあくまで家庭での生活を一部肩代わりするものでもあります。そうした意味では、家庭とできるだけ近い存在になり、保護者といい関係になることが結局子どもの幸せにつながるのです。そのことを肝に銘じて、子どもの最善の利益のためには、保護者としっかりとした信頼関係を築くことが重要です。どんな保護者にも思いがあるのです。つまり保育と同様に、ひとりひとりの保護者(家庭)の置かれた状況を理解し、心情や願いを読み取り、保護者が子どもにとっていちばんよい選択ができるようにしていくことが、保護者・家庭支援であり、保育者の専門性であるともいえます。

②人間関係は、よいコミュニケーションから

～人と人とをつなぐこと、人とつながることも保育者の大切な仕事～

結局保育者の専門性の大きな柱になるのは、人間関係の調整ともいえます。基本的に保育という仕事はチームワークです。どんなに保育の知識や技術があっても、子どもや保護者、職員との信頼関係を築くことができなければよい保育をすることはできません。また今後は地域住民や地域の諸機関とも強固な連携が求められてきます。子どもの最善の利益という目的に向かうには、どんな場合でもさまざまな人々に協力を求めながら信頼関係を築くことがたいへん重要なことになってくるのです。その第一歩は、どんな人ともよいコミュニケーションを築こうと努力することです。

しかし何をもってよいコミュニケーションといえるのか、それはすべて受け手がどのように感じたか、そしてよい関係がつくれたかということで評価できます。発信側が「そんなつもりで言ったのではない」「そんな意味ではなかった」と言っても受け手がそう感じて不快な思いを持ったとしたら、それはよいコミュニケーションとはいえません。つまり常に受け手である相手の気持ちに配慮しながら、発する言葉や声の大きさなどの伝え方に気をつけていくということなしには、達成できないということになります。伝えたいことをうまく伝えるためには、言葉や言い方を選んで使うようにすることが大事です。

つまり、保育も保護者支援も、そして地域や他機関との連携もすべてはよいコミュにーケーション抜きには成立しないのです。保育者の専門性はここに大きな柱があるといえます。

③よいコミュニケーションのために！（子どもも保護者も同じ）

～伝えたいことが先走ってはだめ、相手の心情が読み取れなくなる～

その❶　まずは聞こうとする姿勢、聞いているよというメッセージが伝わることが必要。

その❷　話を聞きながら、相手の思い・心情を読み取ろうとすること、察する。

その❸　それを肯定的に解釈して、言葉にして返してみる、解釈を伝える。

その❹　違っていたら訂正し、わからないところは少しずつ聞いてみる。

その❺　ある程度読み取れたら、そうだね、～こういうことですねと一度受け止める。

その❻　初めてこちらの意見を表明してみる。ただし言い方を意識して、相手が肯定的に受け止められるように心がける。相手が対処できるスピードで少しずつ話す。

その❼　伝えたことで相手がどう思ったか感じたか、考えてみる。

その❽　その解釈を再度伝えてみる。

その❾　まだ伝えられないと感じたら、ここで一度切り上げるか、再度その❻に戻ってやり直す。しかし相手が苦痛に思っていることを察したらすぐに切り上げる。

子どもや保護者にはこのようにていねいに行なう必要がありますが、日ごろの職員の人間関係でも少しでも心がけていくと変わってくるかもしれません。ぜひ、意識してやってみてください。

子どもを取り巻く人間関係を調整し、それを子どもにとってよいものにしていくこと、協力して子どもの幸せを考えること、それには人と人とをつなぐこと、人とうまくつながることが不可欠なのです。

④親子のこれからの幸せを願って

～人は人に支えられて生きてゆくのです～

子どもでも大人でもだれもが自分を発揮して幸せに生きていきたいという願いがあるものです。またそれゆえに葛藤を感じたり、思うようにいかないストレスを抱え込んだりすることもあるでしょう。子どもを持つ生き方を選択するということは、ある時期自分のやりたいことを後回しにして子どもを優先させなければなりません。また親だけでは抱え切れない責任や重圧も感じることでしょう。しかしそれをだれかに支えてもらいながら、親は親として人間として成長できるものです。保育者はその支えになる役割も求められています。

保育と保護者・家庭支援の目的は「この先の親子の幸せ」にあります。保育者とのかかわりは数年間にすぎませんが、親子の関係はこの先ずっと続くものです。子どもが幸せな大人として成長できるように、保育者の仕事は、未来を見通して未来そのものをつくりだす仕事なのです。

「あの先生にあのとき出会えてほんとうによかった！」

と、子どもにも保護者にも思ってもらえるような仕事をしたい、そんな強い願いを持って保育という仕事に向き合っていきましょう。

この本がそのための一助となりますように。　　2013年夏・塩谷　香

保育がうまくいく
魔法のことばがけ①

子どもの　保護者との　要録記入の　困った場面
ネガ➡ポジ・言い換え48

CONTENTS

はじめに～塩谷先生の魔法の講義～
　魔法の講義　その1 ……………………………… 1
　魔法の講義　その2 ……………………………… 2
　魔法の講義　その3 ……………………………… 4
　魔法の講義　その4 ……………………………… 6

I　子どものよくある困った場面での魔法のことばがけ
（ネガ➡ポジ・言い換え×20） ……………………… 11

その①　朝の登園時、保護者から離れようとしない ……… 12
その②　元気がない、遊べない、
　ゴロゴロしていてエンジンのかかりが遅い ……… 14
その③　指しゃぶり、つめかみ ……………………… 16
その④　おもらしをする、なかなかウンチをトイレでしない
　……………………………………………………… 18
その⑤　グズグズしている、「早くして！」と言いたくなる行動
　……………………………………………………… 20
その⑥　言うことを聞かない、我が強い ……………… 22
その⑦　かみつき ……………………………………… 24
その⑧　落ち着きがない ……………………………… 26
その⑨　たたく、押す、乱暴な子ども ……………… 28
その⑩　話が聞けない、聞こうとしない、聞いていない … 30
その⑪　好き嫌いが多い、食べない ………………… 32
その⑫　なかなか寝ようとしない …………………… 34
その⑬　ほかの友達にちょっかいを出す、
　友達の遊びをじゃまする …………………………… 36

その⑭　遊べない、無気力である……38
その⑮　友達とのトラブルが多い、玩具の取り合いをする……40
その⑯　保護者に異常に甘える……42
その⑰　言葉が悪い……44
その⑱　キレる、自己中心的、仲よく遊べない、わがまま……46
その⑲　集団から外れてしまう……48
その⑳　うそをつく、物を隠す……50

Ⅱ　保護者とのよくある困った場面での魔法のことばがけ（ネガ➡ポジ・言い換え×14）……53

その❶　育児より仕事！ 自分のやりたいことを優先する……54
その❷　子ども・子育てに無関心、子どもとかかわることの大切さを知らない……56
その❸　夜遅くまで子どもを寝かさない……58
その❹　子どもに無関心、ネグレクト（育児放棄）……60
その❺　子育てに苦痛を感じている、悩みが多い……62
その❻　過保護でなんでもやってしまう、時に被害妄想的になる……64
その❼　よい子を求めすぎる……66
その❽　教育熱が激しい、保育内容に注文が多い……68
その❾　健康的な生活ができない……70
その❿　保育者をあてにして要求が多い……72
その⓫　子どもをかわいがることができない……74
その⓬　ほかの保護者とトラブルになる……76
その⓭　精神的な病・発達障碍などを抱える保護者（虐待なども想定される）……78
その⓮　外国人の保護者……80

CONTENTS

Ⅲ 要録記入のよくある困った場面での魔法のことばがけ（ネガ➡ポジ・言い換え×14）……83

その① いろいろな行動に時間がかかる……84
その② うまくいかないと、イライラして乱暴に……86
その③ おとなしい子ども……88
その④ あれもこれもと、飽きっぽい……90
その⑤ 欠席しがちで、なじめない……92
その⑥ 口汚くののしる、暴言を吐く……94
その⑦ 言うことを聞かない……96
その⑧ 食べ切れない、食べるのが遅い……98
その⑨ 表情が乏しい……100
その⑩ けんかばかりしている……102
その⑪ だるそうにしている……104
その⑫ だれかの言いなり……106
その⑬ 自己チュー……108
その⑭ 慌てんぼうさん……110

I 子どもの よくある 困った場面での 魔法のことばがけ

（ネガ➡ポジ・言い換え×20）

I 子どものよくある困った場面 その1

朝の登園時、保護者から離れようとしない

☞体調が悪いなど、家庭の生活との切り換えがうまくできないでいる。

◎言葉を換えて…

こうした場合、保育者は家庭で何かあったのかと思ってしまうものですが、まず子どものようすをよく見ましょう。年齢によっても違いはありますが、長い休み明けなどはこうした事態になりやすいです。

◎意識を変えて…

保育者が無理やり離そうとするのではなく、子どもにはまず保護者から話してもらうことです。子どもには保護者が行ってしまうことがわかっているので、その切り換えのためにも、保護者が説明します。そして最後には、「**お迎えに来るまで待っててね**」と、必ず言葉をかけてもらいます。必要ならばお別れの儀式、ギュッとだっこする、握手する、時にはどこでバイバイをするかを子どもに選ばせてみるなど、離れたくない思いも尊重すると、切り替えができることもあります。

こんな感じで…

「○○ちゃん、早くママとバイバイして！」「□□で遊ぶよ！」など、切り替えを急ぐような言葉ではなく、「ママきっとお迎えに来てくれるよ、先生と待ってようね」と、しっかり保護者と離れることを納得させてから、遊びに目が向くような言葉をかけていきます。

◎保護者への言葉と対応

＊**「お休み、楽しいことがいっぱいあったんですね。はしゃぎすぎてなかなか寝なかったでしょう？」**などから、体調やようすを聞き出していきます。

＊子どもには**「ママ来てねーって先生もいっしょにお願いしておこうね」「ママ、早く来てください〜、○○ちゃんいい子で待っているからね〜」**といっしょにバイバイするなど、子どもの気持ちに寄り添うような形で代弁をしながら、なおかつ保護者にもメッセージとなるように話していきましょう。

元気がない、遊べない、ゴロゴロしていてエンジンのかかりが遅い

☞体調が悪い、空腹、気持ちを切り替えられずにマイナスな気持ちを引きずっている。

◎言葉を換えて…

こうした場合、「夜が寝るのが遅いから」「朝ごはんを食べて来ないから」など、家庭での生活習慣のせいにしたくなるものですが、よく子どものようすを見て判断しましょう。

また、家庭の習慣は、その家庭のありようそのものなので、一保育者がすぐに変えられるようなものではありません。日常的な場合は、まず園での生活をどうしていくかを考えましょう。

◎意識を変えて…

園での生活や遊びの中で、得意なものや好きなことなど、その子どもが生き生きと動けるような活動はないでしょうか。例えば大好きな飼育物の世話やお手伝いなどを率先して行なえるように、言葉をかけていきましょう。

こんな感じで…

「□□当番さん、○○ちゃんが来ないで困っているよ、先生といっしょに行こうよ」「ここをちょっとこうすればできるから、○○ちゃんがやってくれると先生助かるんだけど、お願いしていい？」など。

◎保護者への言葉と対応

＊**「○○ちゃん□□が得意で、みんながすごいねって言ってるんです。教えてって言われて、すごくうれしそうですよ」**など、生き生きとした生活のようすを伝えながら、**「でも、午前中は元気がないことが多くて。ちょっと心配なんですが、おかあさん、思い当たることはありますか？」**など、家庭のようすや保護者の考えを引き出していきましょう。

＊もし、生活習慣に問題があると気づいたら、**「○○したらいかがですか？」**など、アドバイス的なことも話していきましょう。例えば、朝食を食べる時間がないということなら、園で場所を用意するから、そこで持参した食べ物を食べてもよいと伝えるなど、園は保護者の意向に添うのだという姿勢が見えると、保護者は安心します。

I 子どものよくある困った場面 その3

指しゃぶり、つめかみ

☞不安やとまどい、眠いときなどに出てくる行動の習慣。

◎言葉を換えて…

保育者も保護者もこうした行動は不潔と思い、困ったものと認識することが多いようです。特に保護者はなんとかやめさせたいと躍起になるようですが、子どもは無意識にやっていることが多いので、なかなか治らないものです。

◎意識を変えて…

まずはどんなときにその行動が起きるのか、よく見てみることです。どうしてよいのかがわからなかったり、言われていることが理解できなかったり、甘えたかったりと、年齢や個々によって違いますが、毎日よく見ていくと、見落としていたその子どもの一面がわかることもあります。また、きつい禁止は逆効果です。「やっちゃだめ！」と言われると、思わずやってしまったときに罪悪感にとらわれて、不安になるかもしれません。悪循環になってしまう場合もあります。

こんな感じで…

「やっちゃだめ！」「～ちゃんは赤ちゃんなの？」「おかしいよ！」などは禁句です。特に年齢が大きくなってくると、プライドもありますので深く傷つくこともあります。言うとしてもその子だけに静かに伝えてください。

◎保護者への言葉と対応

＊指しゃぶりやつめかみなど、保護者はどう考えているでしょうか？　「しかたない、そのうちに治るだろう」と考えるか、「不潔だから一刻も早く治したい」と考えるか、まずは保護者の方針を尊重しましょう。生活習慣に関しては、それが原則です。園の方針を押しつけることはしないで、保護者がどう考え、どうしたいのか聞き出していきましょう。

＊保護者の意向がつかめたら、「**家庭で○○するのでしたら、園ではこうしますね**」という伝え方をすると、保護者が自分自身でやることがはっきりとわかります。また、自分で選択したことなので、責任が生じます。時々、「**園では□□ですが、おうちではどうですか？**」など、ほかの話題のついでにさりげなく聞いていくようにしましょう。

I 子どものよくある困った場面 その4

おもらしをする、なかなかウンチをトイレでしない

☞排せつになんらかの不安がある、切り替えができない。

◎言葉を換えて…

以前は排せつのしつけに厳しくて子どもにプレッシャーを与えてしまう保護者が多かったように思いますが、今はむしろ無関心な保護者が増えてきました。「いずれ取れるだろう」「園で取ってくれる」など、紙おむつの普及が保護者の意識を変えたのだと思います。

おしっこはトイレでできるけど、ウンチがなかなかできない、ということもよく聞くようになりました。おむつをしていると、自分の排せつ物と感じる感覚が結び付かないので、子どもは混乱するという話もあるようです。

◎意識を変えて…

園生活の中では、ある程度おしっこをためられるようになってきたら、おむつをせずに生活し、おもらしを経験するうちに自分からトイレに行くようになるものです。

こんな感じで…

「だから行こうよって言ったのに！」などとプライドを傷つけるような言葉ではなく、「トイレできっとできるよ、やってみようね」と声をかけ、無理強いせずに少し背中を押すようにします。できたときは、「すごいねー、お兄ちゃんになったんだね」と、褒めることも忘れずに。

◎保護者への言葉と対応

＊毎日の子どもの姿を詳細に伝えていくことが大事です。「**今日は、みんながトイレで便器に座っているのをジイッと見ていましたよ**」「**○○ちゃんも座ってみようと誘っているのですが、なかなかウンと言ってくれませんが、おうちではどうですか？　何かいい方法がないかなって考えているんですが**」など、時に保護者の意見を求めながら、クラスだよりや連絡帳などでも知らせていくようにします。

＊うまくいった家庭の事例を知らせる（押しつけにならないように注意が必要）のもよいかもしれません。しかし何より、排せつがきちんと自立することで、子どもはおおいに自信を持ち、より積極的に生活できるようになっていくことを保護者に伝えてください。そこが重要です。

I 子どものよくある困った場面 その5

グズグズしている、「早くして!」と言いたくなる行動

☞ていねいにやろうとすると遅くなる、ほかのことに注意が向いてしまう。

◎言葉を換えて…

忙しいと余裕がなく、ついつい子どもにも「早くして！」と言いたくなってしまいます。大人から見れば、周囲の状況を見ることより、自分のやりたいことが優先してしまいがちだと映ってしまうようです。慎重な子、まじめな子がそう見える場合もあります。

◎意識を変えて…

でも、よく考えてみれば、早くしてほしいのは大人のつごうで、子どもはそれを押しつけられている状態です。自分で判断していないので、主体的に動けないのはあたりまえ。今こうすることがどのような結果になるのか、わかりやすく説明することが必要です。子ども自身が見通しを持つことができれば、言われたから、しかられるからやるのではなく、自分で判断して主体的に動くことができるかもしれません。

こんな感じで…

「○○ちゃん、みんなもう着替えたよ！ 早くしないと行っちゃうよ!」と、つい言いたくなってしまうのですが、いつもこうなんだからと決めつける前に、どうしたらその子が意欲的にできるのかを考えてみましょう。きっとほかの子どもにも有効な手だてとなるはずです。

次は～だから～しようか

◎保護者への言葉と対応

＊登降園の際など、よく子どもに叱咤している保護者がいます。最近は仕事を持つ保護者が多いので、きっと忙しいのだろうということもよくわかるところですが、時々保育者が助け船を出してあげてほしいと思います。特に保育所の子どもは、長時間の生活の中で、どの子どももほんとうにがんばっていると思うので、保護者へのメッセージになるように、「**○○ちゃんは、がんばっているんだよね**」と、子どもをねぎらう言葉を言ってみてほしいですね。信頼している保育者のさりげない言葉で、保護者もハッと気づくかもしれません。

言うことを聞かない、我が強い

☞自分を認めてほしい、自分の力でやりたい気持ちが強くなっている。

◎言葉を換えて…

２歳児のイヤイヤ期が顕著な例でしょうか。大人が強硬姿勢でいこうとすれば、もっとイヤイヤが増幅します。まず、何にこだわっているのか、何をしたいのかを受け止めることが必要になります。ただし、要求をすべて聞くということでは決してありません。内容よりも受け止めることが大事です。

◎意識を変えて…

「**でもね、〜しないと〜なんだよ**」などと見通しを話しながら、「**お兄ちゃんだからきっとわかるよね**」と励ましてみます。それでだめなら理由があります。気持ちが不安で甘えを通したいような場合は、できる範囲で受け入れてみましょう。それでも足りないなら、いつだったらできるという、こちらの事情を話します。ここまですれば、子どもにも「しっかり自分の気持ちに向き合ってくれた」という満足感があるはずです。

こんな感じで…

「それはだめ!!」「言うこと聞かないと～しちゃうよ！」などと言いたくなりますが、「そうか、○○ちゃんは～したいんだね」「～って言いたいのかな？」と、まずは気持ちを受け止めましょう。受け止められたと感じると安心感を持って、言い分も聞いてくれる余裕が出ます。

そうか、○○ちゃんは～したいんだね

◎保護者への言葉と対応

＊子どもの自己主張に困っている保護者もいますが、それも「しっかりと自分を持っている」証拠と、まずは前向きに受け止めていくこと、小さくてもひとりの人間として人格を持っていることを知らせていきましょう。つい大人のつごうを押しつけてしまいがちですが、時には子どもの言い分を聞いてみたり、ゴネの理由を考えてみたりすることも必要だと、子どもの気持ちを代弁するように話してください。

＊**「○○ちゃんは、どうしても自分でやるって聞かないですよね、おうちでも大変でしょうね。そういうときはどうしていらっしゃるんですか？」「きっと○○ちゃんは、自分の力を試したいんだと思います。“自分でできる”ということが、今の○○ちゃんにとってはすごく大事なことなんでしょうね」**など、保護者の気持ちをねぎらうことも忘れずに。

かみつき

☞要求が言葉でうまく伝えられない、焦りやイライラがある。

◎言葉を換えて…

どんなときに起こるのか、場面を考えながら改善していきます。例えば1歳児で、貸し借りなどがまだ言葉で伝えられず、そもそも理解ができないので、玩具の取り合いになって起こりやすいのなら、同じような玩具をいくつか用意するようにしましょう。また、子どもを待たせることが多いとトラブルも起きやすいようです。「待っててね」をなるべく少なくするように工夫します。子どもの発達やできる力に合わせて、待たせることなく自分から動けるような環境にすることです。

◎意識を変えて…

悪いとわかっていてもかんでしまう場合は、「**どうしてかんじゃたの？**」と、理由を聞くようにします。言葉が足りなければ「**～だったの？**」と、保育者が代弁します。「**そういうときはかまないで、～するんだよ**」と、きちんと伝えるのが大事です。

こんな感じで…

「○○ちゃんだめだよ！　かんだら痛いよ！」と、とっさに叱咤《しった》してしまいますが、まずは引き離してからひと呼吸置き、「○○ちゃん痛かったよ、かんじゃだめだよね」と知らせます。状況が理解できない場合は、かんだことをしっかり認識できるように話す必要があります。

○○ちゃん痛かったよ、かんじゃだめだよね

◎保護者への言葉と対応

＊家庭では、子どもかみつくことはあまりないかもしれないので、園で起こったことを理解してもらうのは、状況を詳しく説明しても難しいかもしれません。発達上よくあることだからと言われても、わが子がかまれて納得できる保護者はいません。また、かんだ子どもの保護者も心を痛めることでしょう。「うちの子が、○○ちゃんをかんでしまった……」と、悩むことも少なくありません。さらに、保護者間でトラブルが起きないよう配慮する必要もあります。

＊園で起きたことは保育者に責任があるのは当然なので、結果に対しては真摯に謝罪することが必要です。そして、今後かみつきが起こらないように対策を考えて、不安に思っている保護者には、その内容を説明していくようにしましょう。

I 子どものよくある困った場面 その8

落ち着きがない

☞どうすればよいのかがわからない、次に何が起こるのか不安に感じている。

◎言葉を換えて…

　みんな静かに話を聞いているのに、ソワソワと落ち着かず、いたずらを始めたり、友達にちょっかいを出したりする子どもがいます。そういう子どもは目だちますから、どうしても注意することが多くなってしまいます。さらに保育者として困るのは、追随してふざけたり、保育者と同じような口調でその子に注意したりする子どもも出てきてしまうことです。

◎意識を変えて…

　みんなに向けての説明や指示が理解できない、説明や指示が自分に向けられたものであることがわからない、すべての刺激に過敏に反応してしまい、制御できないなど、いろいろな状況が考えられます。指示や説明をするときは、その子に向けて改めて説明する、なるべく保育者のそばで聞けるようにする、静かな場所で話すなど、改善策を考えていきます。

こんな感じで…

「○○ちゃん、□組はみんなやってるよ！　やらない子は□組じゃないのかな？」などと、厳しい言葉を向けてしまいがちになりますが、その子どもにゆっくりとわかりやすく、「○○ちゃん、次は～するんだけど、～できるかな？」と伝えてみます。

◎保護者への言葉と対応

＊集団生活内でのことなので、家庭でのようすを聞いてみても、あまりピンとこない保護者も多いでしょう。行事や保育参観の際に、ほかの保護者と同じように参加していただき、子どものようすを見て気づいてもらうのがいちばんよいのですが、なかなか認めがたいという方もいらっしゃるでしょう。また、保護者が無関心という場合には、働きかけが必要です（P.60～61など参照）。でも、園での子どものようすは保育者が変えていく必要があります。

＊過剰な叱咤激励、厳しいしつけでなんとかなると思われる保護者もいるでしょう。むしろ気になさっている保護者には、心配ないということを伝えていきましょう。

たたく、押す、乱暴な子ども

☞言葉でうまく伝えられない、感情が高ぶってしまう。

◎言葉を換えて…

元気でパワー全開、遊びに夢中で思うようにいかないと暴力をふるってしまう。元気なのはよいことなので、遊びにパワーが発揮されるような配慮もしましょう。しかし、不安な気持ちだったり、満たされない・やり切れないといった葛藤があったりして、行動が乱暴になってしまう子どももいます。その場合は「助けて」とサインを送っているのかもしれません。

◎意識を変えて…

1・2歳児はまだ言語での表現が難しいので、保育者が子ども同士の関係をうまくつなげるように仲立ちをします。年齢が大きくなると子ども同士の関係はより大きな要素になってきます。うまくいかずに乱暴な行為をしてしまう子どもには、どうすればよいか話していく、また他児にその子どもの状況をわかりやすく話していくことが必要になります。

こんな感じで…

「どうしていつも乱暴なことをするの！　だめって言ったでしょう！」と、ついしかってしまうのですが、「○○ちゃん、□□ちゃんに～してほしかったんだよね、そういうときは～すればいいんだよ」と、気持ちを受け止めながら、具体的な方策を伝えていくことが大事です。

そういうときは～すればいいんだよ

◎保護者への言葉と対応

＊物を壊してしまった、友達にけがをさせたというようなことを保護者に伝えるのは難しいですね。でも、保育者が「困った子だ」と思っているのと、「元気でパワーのあふれている子」と思っているのとでは、必ず対応に差が出ます。保護者はそのあたりを敏感に感じ取ります。自分がどんな考えで保護者に対応しようとしているのかをよく考えてみると、安易に不用意な言葉を使わないで済みます。また、それを伝えられたことで、保護者はどう感じ、子どもにどう接するのだろうということにも考えを巡らせる必要があります。

「○○ちゃん、□□ちゃんと言い争いになって、思わず顔をたたいてしまったんです。わたしがもっと早く間に入っていればよかったのですが、ほんとうにすみませんでした。後で○○ちゃんとよく話し合ってみたいと思っています」

話が聞けない、聞こうとしない、聞いていない

☞ほかのことが気になってしまって集中できない。

先生のお話聞いていないと〜できないよ!

◎言葉を換えて…

保育者が話すだけで終わるのではなく、大切なことは子どもたちに聞き返して確認させるようにしましょう。また、年齢が大きくなれば、自分たちのことは自分たちで考えるような方向に持っていき、「**〜について、みんなはどう思うかな？**」「**○○ちゃんはどう思う？**」と、自分の意見をはっきりと表明できるようにしていきましょう。さらに、「**○○ちゃんは〜と言ってるけれど、〜はほんとうに大切だね。それ以外に大切なことはどんなことがあるかな？ 意見のある人はいる？**」など、友達の意見をよく聞くことも伝えていきたいですね。

◎意識を変えて…

4・5歳児では、みんなと同じように行動していればよいのではなく、子どもが主体的・意欲的に集団に参加できるようにしていきましょう。

こんな感じで…

「先生のお話聞いていないと～できないよ！」と、しかりたくなりますが、時には「○○ちゃん、今の先生のお話わかったかな？」と、個別に聞きながらわかりやすく進めてみましょう。

○○ちゃん、今の先生のお話わかったかな?

◎保護者への言葉と対応

＊子どもひとりひとりの充実した園生活のためには、安定した家庭生活が欠かせません。日ごろ、親子の会話でどんなことを話されているのか、聞いてみましょう。「**園では○○ちゃんが～って言っていましたよ。おうちではどんなことを話されてますか？**」

＊限られた時間に親子が話す機会をたくさん持ってもらうのは大事なことです。保護者会・個人面談や園だよりでも知らせていきましょう。

Ⅰ 子どものよくある困った場面 その11

好き嫌いが多い、食べない

☞においｌ・色・食感などに敏感で、食べることができない。

◎言葉を換えて…

好き嫌いや小食が“わがまま”とされて、無理に矯正しようとすると、虐待に相当するようなつらい体験になることもあります。特に味覚が敏感な子どもは、ちょっとした食感やにおいで食べられないこともあるようです。基本的に、食べる食べない、もっと食べるなどは、子どもに選択させましょう。

◎意識を変えて…

子どもは食べなくても、周囲でおいしそうに食べていれば、「いつか食べてもいいかな」と思えるかもしれません。また、少なく盛り付けておかわりするという方が、特に小食の子どもには嬉しいはずです。「お皿を空っぽにした、食べられた」という満足感があって初めて、「もっと食べたい、おかわりしたい」と思えるでしょう。そんなときは「**○○ちゃん食べられたの？よかったねー**」とおおいに褒めて、自信をつけさせましょう。

こんな感じで…

「大きくなれないよ」「お野菜食べないと病気になるよ」と、ますます苦痛になる言葉はやめて、食を楽しめるようにします。「これ食べられないかな？」「今日は食べてみる？」と選択させて、食べなくてもよいという安心感を持たせた方が、食べられるようになっていきます。

◎保護者への言葉と対応

＊子どもの偏食や小食は、保護者も「困ったこと」ととらえているかもしれません。また、「これは子どもが食べない」と思うと、その食材を使った料理を作らなくなるなど、食生活が限られた食べ物のみになってしまうことも考えられます。今は嫌いでも、いつかは食べられるようになるかもしれないので、保護者が周囲で「おいしいね」と食べている姿を見せるのも大事であるということを伝えましょう。

＊無理強いは逆効果であること、毎日の食事は楽しく食べられることがいちばん大切であることなども、気づいてもらえるようにしていきましょう。

I 子どものよくある困った場面 その12

なかなか寝ようとしない

☞不安があって寝つけない、体力的に疲れていない。

みんな寝ているんだよ、○○ちゃん静かにして!

◎言葉を換えて…

小さいころ、保育園でのお昼寝がいやだったという話を聞くことがあります。眠くないのに「寝なさい」としかられたからだそうです。確かに毎日のことで苦痛に思うのは不幸なことですね。

◎意識を変えて…

例えば低年齢児では、おうちで使っているタオルやお気に入りの人形といっしょなら、安心して眠れるかもしれません。静かなバックミュージックやお話の読み聞かせなども効果があるでしょう。また、体力がついてくる４・５歳児では、午睡が必要でなくなることも考えられます。

園の方針にもよりますが、眠れない子どもは早めに起こす、静かな遊びをするようにするなど、できるだけ苦痛にならないような工夫をしていくことが必要でしょう。

こんな感じで…

「みんな寝ているんだよ、○○ちゃん静かにして！」としかっても眠れないものです。苦痛になっていると思えたら、時間帯を変える、早く起こすなど対策を考えましょう。

起きててもいいから、あっちで静かに遊ぼう

◎保護者への言葉と対応

＊長時間園で過ごす子どもたちにとっては、休息として午睡が大切なことを理解していただきましょう。特に低年齢児はできるだけ家庭での状況に近い形で、安心して眠れるようにすることが大事なので、保護者から家庭でのようすをよく聞いておきます。生活習慣の援助には実はそれがとても重要で、そのまま家庭への支援にもつながっていきます。

＊４・５歳児では、「家で夜なかなか寝ないので、午睡をさせないでほしい」という要望も出てくるかもしれません。午睡をするのがあたりまえという考えではなく、柔軟に対応し、子どもの家庭での生活を含めた24時間を考えながら、よりよい方法を園の方針として保護者に伝えていきます。ただその場合でも、一方的に伝えるだけではなく、家庭の状況をよく聞き出すことも忘れずに。

ほかの友達にちょっかいを出す、友達の遊びをじゃまする

☞自分の遊びが見つけられない、注目されたい、友達と遊びたい気持ちがある。

◎言葉を換えて…

子ども同士で遊ぶ体験が少ないと、友達とどうかかわればよいのか試行錯誤している場合があります。他児の遊びに興味があっていっしょに遊んでみたいが、どのようにアプローチすればよいのかがわからず、遊びを壊してしまったり、じゃまをしてしまったりします。こんなときは保育者が仲立ちになって、思いがうまく伝えられるようにしていきましょう。

◎意識を変えて…

いつもは元気に遊んでいるのに……という場合は、何か理由があります。保護者にしかられた、友達とけんかをしたなど、なんとなく気持ちがふさいでいて、つい……ということも考えられます。いつもとようすが違うと感じたら、何があったのか本人に聞いてみましょう。言えずとも、気持ちが落ち着くようそばにいたり、好きな遊びに誘ってみたりします。

こんな感じで…

「○○ちゃん、そんなことをしちゃだめでしょう！」と言ってしまいそうですが、「○○ちゃん、□□ちゃんと遊びたかったのかな？」「見てほしかったんだね」など、気持ちを察するような言葉をかけていきましょう。そしてうまく子ども同士がつながれるように援助します。

◎保護者への言葉と対応

＊新入園の際、初めて集団に入る場合は特に、「友達とうまくやっていけるのだろうか」と、保護者には心配がつきものです。「**今○○ちゃんは、お友達にとても興味があるようです**」「**□□ちゃんと気が合うようですよ**」など、プラスにようすを伝えていくようにします。試行錯誤するうちに、だんだんじょうずに友達とかかわれるようになるでしょう。

＊子どもが心に葛藤を持っているような場合は、起きたことを率直に伝えますが、「**いつもは元気で優しい○○ちゃんなのですが**」と、困っているというより心配していることが伝わるようにします。そして「**おうちではどうでしょうか**」と聞いてみましょう。家庭の問題があってもなかなか話してくれないかもしれませんが、「**いつでも話してくださいね**」というメッセージが伝わるように心がけましょう。

I 子どものよくある困った場面 その14

遊べない、無気力である

☞空腹、体調が悪い。

◎言葉を換えて…

　朝食を食べて来ない、夜遅くまで起きていて、登園してもぼんやりしているなど、生活習慣に問題があるような場合は、保護者とよく話し合う必要があります。子どもにとってよいことを保育者が教えるのではなく、保護者自身が気づいて選択できるようにすることがポイントです。家庭の実情、保護者の言い分もよく聞きながら、じっくり話していきましょう。

◎意識を変えて…

　子どもが園にいる間は、園でできることをしてみましょう。食事や午睡の時間をずらしてみる、午前寝をさせてみるなど、できる工夫でうまくいくこともあります。困った子ども、困った保護者と思いがちですが、何が子どもにとってよいことなのかを保護者が知らない、もしくはわからないという場合も多いので、日ごろからアプローチしていく必要があります。

こんな感じで…

「どうしたの？」と聞いても、うまく説明できる子どもはいないでしょう。「おなかが痛いのかな？」「おなかが空いたのかな？」などとわかりやすく聞きながら、気持ちを受け止めて、できる対応をしていきます。

◎保護者への言葉と対応

＊「○○ちゃんは～が得意で、みんなも感心しているんです。でもきのうは調子が出なかったみたいで、本人もとても悔しがっていました」「どうも午前中元気が出ないみたいです。おうちではお休みのときどうですか？」などと、ふだんの子どものプラスのようすを伝えながら、問題を投げかけてみます。保護者が少しでも今の生活を変える努力をしようとする姿が見えたら、「○○ちゃんもうれしいと思いますよ、おかあさんありがとうございます！」と、その努力を認めていくようにしましょう。

I 子どものよくある困った場面 その15

友達とのトラブルが多い、玩具の取り合いをする

☞友達とかかわる体験が少ない、言葉でうまく表現できない。

取っちゃだめでしょう!
○○ちゃんが
使ってたんだよ!

◎言葉を換えて…

友達とかかわる経験が少なく、自分の意思をうまく伝えられない1・2歳児ならこうしたトラブルはあたりまえなので、保育者の仲立ちが必要です。4・5歳児になると少し客観的な見方もできて、トラブルがぐっと減ってきますが、自分の思いの強い子はなかなか難しい場合があります。

◎意識を変えて…

「みんなで仲よく遊びなさい」と言われても、簡単にできるものではありません。結局ひとりになってしまい、やはりつまらない……というような体験を積むと、少し譲歩する、人の意見も聞いてみようという気持ちになってきます。友達の思いも聞いて、自分の思いとすり合わせながら遊びを展開していく楽しさが味わえたら、人とこんなふうにコミュニケーションを取っていくことは大事なことだと思えるはずです。

こんな感じで…

「取っちゃだめでしょう！」「○○ちゃんが使ってたんだよ！」としかってしまいそうですが、「これが欲しかったんだね。でもね、○○ちゃんが使ってたから、貸してって言おうね」「先生がいっしょに言ってあげる」などと言葉を添えて、援助していくことが必要です。

◎保護者への言葉と対応

＊トラブルを報告しているうちに、それだけで保護者はストレスになっているかもしれません。むしろ「**○○ちゃん、今日は少しお友達を待っててくれたんです**」「**ごめんねがすごくすなおに言えました**」など、少しでも進歩しているところを話していきましょう。

＊子どものよいところを話していくのが保護者支援の基本なのですが、トラブルの多い子どもは保育者が「困った子」ととらえがちなので、よいところも見逃してしまいます。「この人は自分の子どものよさをわかってくれている」と思うだけで、保護者は保育者を信頼します。そして自分の困っていること、悩みも話してくれるようになるでしょう。

＊無関心な保護者には、まず家庭のようすを聞き出していくことで、子どものようすに目を向けてもらいます。

保育者に異常に甘える

☞不安や寂しさがある、遊びをうまく見つけられない、友達とうまくかかわれない。

◎言葉を換えて…

低年齢児の場合は体調不良を訴えていることもあるので、注意が必要です。また、甘える要因としては、不安がある、何か訴えたいことがあるなど、日ごろの生活の中に原因があることが多いです。ふだんのようすと違うと感じたら、よく見ていくようにしましょう。家庭での出来事が不安を感じさせていることもあります。「どうしたの？」と聞いていきますが、ただ急がせないことです。

◎意識を変えて…

子どもが自分のやりたいことや遊びに夢中で取り組んでいれば、保育者にそうは甘えてこないはずです。充実した生活ができているか、改めて点検する必要があるでしょう。家庭で何かあったのかと思うこともあるかもしれませんが、まずは園でその子が生き生きと活動できるような工夫が必要です。

こんな感じで…

大きい子どもには特に「○○ちゃんおかしいよ、赤ちゃんみたい」と言ってしまいがちですが、いつもはそんな姿を見せない子どもが甘えてきたら、何かがあるのでしょう。「時々甘えたいんだね、でも先生にお話してくれるかな？」と、少しずつ話を聞いていくようにします。

時々甘えたいんだね、
でも先生にお話
してくれるかな?

◎保護者への言葉と対応

＊まず、「小さなうちから長時間家庭外で保育を受けている子どもたちは、ほんとうにがんばっている」と受け止めましょう。いつも元気でいることをあたりまえのように思ってしまいますが、子どもだって疲れれば甘えたくもなります。保護者の中には、「甘えてばかりで困る」と相談してくる方がいるかもしれません。日ごろからがんばっている子どもの姿を伝えながら、時には疲れや甘えを受け止めてほしいことも話していく必要があります。

＊子どもが疲れているようであれば、家庭で無理なく過ごすようにアドバイスしてはどうでしょうか。休日に子どものペースを気にすることなく遠出する保護者も多いので、例えば保護者会や園だよりなどで、親子で気軽に楽しめる活動をレクチャーしていくことも必要になってくるでしょう。

I 子どものよくある困った場面 その17

言葉が悪い

☞かっこいいことだと思っている、大人になったような気持ちでいる。

◎言葉を換えて…

言葉が急激に増えてくる２歳前後から３歳くらいの時期に、「イヤ」「バカ」などを連発して周囲を驚かせることがありますが、これはりっぱな成長の表れといえます。自分の意思をはっきりと表すようになったのです。３歳を過ぎると、「うんち」「おしっこ」「おしり」などの下品な言葉で大喜びしたり、子ども同士で言い合っていたり、４・５歳では、「やめろよ！」「いこうぜ！」と、大人びた言葉を誇らしげに使ったりします。

◎意識を変えて…

しかし、「きもい」「うざい」「ださい」「しね」など、言われたら不快に思うような言葉は使ってほしくないですね。「**そんなこと言われたら、悲しくなっちゃうよ**」「**○○ちゃんだって言われたら悲しいよね**」と、そのつど言っていくしかないでしょう。言葉は人を傷つける場合もあることをわかってほしいですね。

こんな感じで…

「だめだよ、そんなことを言っちゃ」「おかしいよ！」と、すぐに制止したくなりますが、「そういうときは～だよね」のように、言葉を換えながら返していくようにします。

◎保護者への言葉と対応

＊親子のようすをよく見ていると、子どもに対して決してよいとは思えないような言葉をぶつけている保護者がいることがあります。その保護者自身があまり悪い言葉だとは思っていないようなら、話していくことはなかなか難しいですね。個人的に言うと批判ととらえられてしまうことも考えられるので、慎重に話す必要があります。保護者会、園だよりやクラスだよりなどで、個人名を出さずに子どものようすを伝える中で、「**最近みんなで、『うれしくなる言葉』『悲しくなる言葉』について話し合っています**」などと、話題を投げかけてみるようにしてはどうでしょうか。

I 子どものよくある困った場面 その18

キレる、自己中心的、仲よく遊べない、わがまま

☞友達とかかわる体験が少ない、がまんすることがない。

◎言葉を換えて…意識を変えて…

日本人の多くは「仲よくする」「けんかをしない」ことを求めてしまいますが、小さいうちからあまりにもそうすると、人とかかわる経験そのものが少なくなってしまいます。体験の中から、「今は少し譲ってみよう、今は強く出てもいいかもしれない」などの加減がわかってくるものなので、子ども同士のかかわりを口出ししないで見守ることも必要です。

周りが大人ばかりの環境で育っている子どもの中には、わがままを通そうとする子どももいます。子ども同士のかかわりから改めて学ぶことも多いはずです。この体験が少ないと、自己主張ばかり、ちょっとしたことでキレてしまう、また逆に自分を出せない、人と話ができないなど、コミュニケーションに問題が出てくることもあるでしょう。

園では必要に応じて保育者が仲立ちになっていきましょう。

こんな感じで…

「だめ！」「何言ってるの！」と強く制止しても、かえって感情を高ぶらせてしまいます。「ほら、みんなが○○ちゃんのこと、びっくりして見てるよ」など、落ち着くことができるように声をかけていきます。

ほら、みんなが
○○ちゃんのこと、
びっくりして見てるよ
あれ〜
こわーい

◎保護者への言葉と対応

＊「子ども同士のけんかやトラブルには、あまりかかわりたくない」というのが保護者の本音でしょう。しかし、けんかやトラブルがあるからこそ、子どもたちが成長するのも確かです。個人名は出さないようにしつつ、こうした場面で育つ子どもたちの姿を、すべての保護者にしっかりと伝えていきたいものですね。

＊保護者には、わが子だけではなく、子ども集団を見守っていくという姿勢が大事であることも気づいてほしいと思います。ふだんから保育者がしっかりとアプローチしていることで、小さなけががあっても「お互いさま」と感じてくれるようになるかもしれません。もちろんトラブルからのけがには保育者が十分に注意していくのは言うまでもありません。

集団から外れてしまう

☞集団の一員であるという気持ちがあまりない。

みんなはどうしてるのか
見てごらん
〜するんだよ!

◎言葉を換えて…

年齢が大きくなってくると、集団で共通の目的を持って活動することが多くなりますが、やりたくなくても少しがまんして取り組むという場合も出てきます。また、体調や気分によって、気持ちが活動に向かない場合もあります。ようすを見ながら、興味が向くように話していくことが必要でしょう。

◎意識を変えて…

しかし、常に自分のやりたいことがまず先でやろうとしない、じっと話を聞くことができないなどの原因がある場合もあります。これらの子どもたちの興味や関心をどう引き出していくのかも大きな問題です。例えば、口頭説明ばかりではなく絵カードを使えば、多くの子どもに有効かもしれません。保育の環境構成や提示の方法などを、よりていねいに子どもの立場に立って考えてみることが大切です。

こんな感じで…

「○○ちゃん、みんなはどうしてるのか見てごらん」「～するんだよ!」と、無理に集団に入れようとしても難しいでしょう。「今、みんなで楽しいことするんだよ」「○○ちゃんはだれとやりたい?」などと、興味が持てるような言葉をかけていきましょう。

◎保護者への言葉と対応

＊集団から外れている状況をそのまま伝えると、抵抗のある保護者も多いと思います。日ごろから、どんな遊びが好きなのか、どんなことに興味があるのかなど、家庭の状況を聞きながら、子どもへのアプローチをいっしょに考えていくという姿勢を示していくと、理解が得られやすいと思います。

＊特に就学を前にすると、こうした問題に過敏に反応する保護者もいるので、日ごろからの姿勢が大事です。そして、就学に対する不安に親子共々巻き込まれないためにも、支援していく必要があります。心配なことがあれば、保護者から少しずつでも聞くことができるように、ていねいに対応していきましょう。

I 子どものよくある困った場面 その20

うそをつく、物を隠す

☞葛藤や不安がある。

◎言葉を換えて…

4・5歳になれば、何がよいことで何が悪いことか、経験上わかっているものですが、自分をよく見せたいという気持ちも生まれてきます。子どものうそですから見抜くのは簡単ですが、そこを強く責めてしまうと深く傷ついてしまうことも。しかし、いつもうそをついていると子どもの方でもマヒしてしまい、あまり悪いことだと感じなくなっているかもしれません。

◎意識を変えて…

うそをつかなくてもだいじょうぶであることを話し、不安を取り除くよう心がけましょう。物を隠すなどのようすが見られたら、隠された子どもが困ってしまうということをよく話して聞かせながら、隠さなくてもよい方法はないのか、どうすればよかったのかなどをいっしょに考えていきましょう。

こんな感じで…

うそをついたことを責めるのではなく、「○○ちゃん、何がしたかったのかな？　何かが欲しかったのかな？」と、じっくり話を聞いていくようにします。

◎保護者への言葉と対応

＊この場合も保護者にどのように伝えていくのか、とても難しいですね。園でもそうですが、あまりにも“よい子”を求めすぎると、その要求にこたえられず、うそをついてなんとかその場を逃れようとするということも考えられます。子どもの葛藤を受け止めながら、「うそをつかなくてもよいんだ」と安心感を与えていく必要があるでしょう。

＊保護者には、うそが発覚してもあまりしかりすぎないようにしていただきながら、保護者自身が心配しなくてもだいじょうぶだということを伝えて、安心してもらいましょう。あまり深刻な事態と受け止めなくても済むようにしたほうが、子どもにとってもよいと思います。

Ⅱ 保護者との よくある 困った場面での 魔法のことばがけ

（ネガ➡ポジ・言い換え×14）

育児より仕事!
自分のやりたいことを優先する

☞子どもが発熱しているので迎えに来てほしいと頼んだが、「忙しくて行けません」と言われた。

あなたは保護者でしょう!
それでも親ですか!
忙しくて
ムリです

◎言葉を換えて…

「わたしは遊んでいるのではない、仕事をしているのだ」と、当人にしてみれば正論かもしれません。しかし、苦しい思いをしているのは子どもです。苦言を言いたくなるのは当然ですが、ストレートに言ってしまってはけんかになるだけです。

◎意識を変えて…

さまざまな価値観が許容され、したいことができる環境で育ち、自分のためだけに生きてきた人たちが突然親になります。「子ども」という、本来なら自分より優先させなければならないものが突然現れるわけです。子どもは生きることすべてを大人に依存しなければ生きていけませんが、そうした子どもを大事にするという行為を、育ってくる過程で経験していません。自分のことよりも子どもを優先させることを喜びにできるかどうかが、主体的な子育てのためのポイントです。

こんな感じで…

決して強要することのないように、子どものようすを説明しながら、保護者自身がどうしたらよいかを判断できるようにしていきます。お迎えに来てくれたら、「○○ちゃん、いい子で待っていましたよ～。○○ちゃんママ来てくれたよ、よかったね～」と、ひと声かけましょう。

何時だったら
来られますか?
そうですね
えーっと…

◎保護者への言葉と対応

＊**「かなり苦しそうなので、今のところは水分をとるくらいしかできないようです。これだとすぐに病院に行ったほうがよいと思います」**（現状を説明）↓

＊**「おかあさん、何時だったら来られますか？」**（保護者に選択させる）↓

＊**「お昼くらいまでだったら、○○ちゃんもがんばれるかもしれないけれど、できるだけ早いほうがよいかと思いますよ」**（見通しを与える）↓

＊**「おかあさん、お仕事大変ですね」**と、ねぎらう言葉も忘れずに。 ||

＊年齢が小さいうちは、このようなことが頻繁に起こります。日ごろから対策を考えて、保護者にもよく説明しておきましょう。

子ども・子育てに無関心、子どもとかかわることの大切さを知らない

☞携帯電話でのやりとりやゲームに夢中で、子どもにかかわらない。

もっと子どもと
かかわってください!
いいね!
お迎えなう♡
ママー
あのね…

◎言葉を換えて…意識を変えて…

電車に乗っていると、携帯電話などの画面に見入っている人の多いことに驚かされます。家族で外食に来ていても、それぞれが携帯電話やゲーム機に向き合っていて、会話していません。問題は、多くの時間がそれに費やされてしまうと、大人との愛情ある直接のかかわりが大事な乳幼児期の大切な時間が失われてしまうということです。

子どもは衣食住はもちろん、言葉をかけられ、かかわりながらスキンシップをし、大事にされていることを実感してこそ育っていくのです。また、家庭は小さな社会であり、子どもにとっては人とのかかわり方を学ぶ場でもあります。乳幼児期から児童期においては、家族とのかかわり方が決定的です。その重要性を伝えていくことは、今、緊急にしなければならないことと思います。

こんな感じで…

「おとうさんやおかあさんが話している言葉を直接聞くことで、言葉を知って使えるようにもなっていきますから、場面でわかりやすく話してあげてくださいね」などと、優しく声をかけてみましょう。

おかあさんの言葉を直接聞いて、いろいろなことがわかっていくんですよ
ママー!

◎保護者への言葉と対応

＊保護者は無意識に行なっていることが多いので、その意味をわかりやすく保護者会や園だよりなどでも知らせていきましょう。

＊**「子どもにかかわる時間と自分のための時間で、めりはりをつけたほうがおかあさんも楽ですよ。おとうさんと交代でね」**などと、家庭のようすを聞き出しながら、できる方法を少しずつアドバイスしていきましょう。よくないもの、禁止すべきものととらえるのではなく、今はかかわりが大事なので、きちんと子どもにかかわることができるのであれば、それは個人の自由です。この場合も、強要したり苦痛になったりすることのないようにしましょう。

II 保護者とのよくある困った場面 その3

夜遅くまで子どもを寝かさない

☞夜中でも大人といっしょにカラオケや居酒屋に連れて行く。

◎言葉を換えて…

園でも、髪の毛や洋服にタバコのにおいが染み付いている子どもがいます。家庭で両親が喫煙されているような場合は、お話していくのがなかなか難しいですね。その中でも子どもをあちこちに連れて歩く保護者がいますが、保育者としてはいろいろ気になるところでしょう。

◎意識を変えて…

園での生活に支障が出るようであれば、話をしていくことが必要になります。例えば睡眠不足や朝食を食べてこないなどで、遊ぶことができないということが起きていれば、どうすればよいかを話し合っていきましょう。「なんでだめなの？」というくらいの意識の保護者も多いので、「○○ちゃんの育ちや生活に支障が出てくるので」ということをしっかり伝える必要があるでしょう。

こんな感じで…

「○○ちゃん、今日は全然元気がなくて心配だったのですが、きのうはよく眠れてましたか？」「朝はどうでしたか？　ごはんは食べられました？」などと、問い詰め口調にならないように。

○○ちゃん、きのうはよく眠れていましたか？
ねむ〜…
あっ…

◎保護者への言葉と対応

＊子どもの現状を伝えるとともに、家庭のようすを聞き出しながら、改善につながるような方法を話し合っていきましょう。「**○○ちゃん、今日はすごく元気で張り切っていましたよ〜、早く寝ることができるようになったんですね、よかったです！**」などと、少しでも保護者が現状を変えようとする努力の姿勢が見えたら、そのことはきちんと評価することが重要です。

Ⅱ保護者との
よくある
困った場面
その4

子どもに無関心、ネグレクト(育児放棄)

☞子どもがいてもいなくてもあまり関係がない、育児に意欲がない。

ちゃんと話を聞いてますか?
どーでもいいじゃん

◎言葉を換えて…意識を変えて…

あまりにひどいとネグレクトなど虐待の可能性もありますが、それほどでなくても子どもには進んでかかわろうとせず、こちらが子どものことを話そうとしてもあまり関心を持つことなく、聞き流す感じです。家庭のようすを聞き出そうにも、子どものことを見ていないので話ができません。子どもの話をしっかりと聞くことがないので、子どももあまり保護者をあてにしていないようです。こうなると、子どもは大事にされ、愛されていると実感することが難しくなってしまいます。

また、園には「預かってもらえればそれでよい」という考えなので、期待していません。関心がないのでお願いしていたことを忘れるなど、結局、子どもにかわいそうな思いをさせることになってしまいます。やはりなんらかのアプローチが必要でしょう。

こんな感じで…

「ママはね〜って、よく話しているんです。ぜひ見てあげていただけませんか」など、子どもの気持ちを代弁するような形で伝えていくと、抵抗なく受け入れることができるかもしれません。

大好きなおかあさんに、いっしょにやってほしいみたいですよ

◎保護者への言葉と対応

＊子どもが保護者を大好きであること、求めていることを伝えていきます。行事や保育参加など、初めは興味が持てないかもしれませんが、子どもが来てほしいという気持ちを持っていることを強調して伝えてみます。

＊親子のようすをよく観察して、何かひとつでも保護者が子どもにとってよいことをしているのを発見したら、すかさず話してみましょう。**「おとうさん、○○ちゃんの靴いいですね。すごく履きやすくて、○○ちゃんも、自分でできた！って、うれしそうですよ」「おかあさん、連絡帳にある△△煮ってどうやって作るんですか？　○○ちゃんがおいしいって言ってたんです。ぜひ教えてくださいませんか？」**などと伝えます。保育者が自分の力を認めてくれたことで、子育てに自信を持てるということがあるかもしれません。

Ⅱ保護者との
よくある
困った場面
その5

子育てに苦痛を感じている、悩みが多い

☞まじめに子育てをがんばり、いい親になろうとして悩んでしまう。

おかあさんなんだから
もう少しがんばって!
ファイト!!
がんばってるのに…

◎言葉を換えて…意識を変えて…

「子育てはこんなに大変だったのか」「こんなはずではなかった」と思う人は多いのではないでしょうか。親になろうとがんばってはみますが、すぐにうまくいくとは限りません。眠りたくても夜泣きに悩まされたり、一生懸命作った離乳食を食べてくれなかったりと、よくあることです。子育ては人間と人間の生活の営みの中でなされるものなので、こうしたからこうなるという確実なものはなく、がんばればよい子育てができるかというと、そうでもないというしかありません。

例えば子どもの困ったようすをそのまま伝えてしまうと、親が悪いと自分を責めたり、保育者にそのような意図がなくても責められていると感じてしまったりする保護者はいるものです。そうした保護者に必要なことは、子育てのその人なりのがんばりを、まずは保育者が認めることです。

こんな感じで…

「朝○○ちゃんに、〜って言ってたでしょう？　○○ちゃんすごくうれしかったみたいで、いつになくがんばれていましたよ」「この名前のタグかわいいですね。すぐにだれの物かがわかるし、○○ちゃんも、ママがやってくれたんだ〜って、うれしいみたいですよ」など。

やっぱり
おかあさんのひと言は
大きいですね
さすが！
ホント!?

◎保護者への言葉と対応

＊親子のようすをよく見て、なるべく具体的に「〜していた」ことを評価するようにします。自分を親として認めてくれているのだと安心し、保育者を信頼してくれるようになってくると、保護者のほうから話してくれるかもしれません。親としてのがんばりを認めつつ、相談に乗るような形で保護者自身の判断に自信が持てるように話していきましょう。

＊信頼関係ができれば、こちらからも保護者に相談するようにして、園でのことであっても子どもにとってどうすればよいのか、保護者が選択できるように話を向けていきます。

＊子育てに自信を持てるようになって初めて、子育てを楽しむ余裕も出てきます。保育者だけの力ではそうなることは難しいですが、ほかの保護者とつないでいくなど、さまざまな人たちとの連携の中でやっていくことも必要です。

過保護でなんでもやってしまう、時に被害妄想的になる

☞いつまでもかわいくいてほしい、まだ小さいから……。

おうちで
甘やかしすぎて
ませんか?
ムッ
ママ
はかせて♥

◎言葉を換えて…意識を変えて…

保護者が子どもをかわいいと思うことはあたりまえですが、あまりにも過保護になっているのも問題ですね。せっかくの自立の機会を失うことになってしまったり、子どもの意欲を損なうことになっていったりするかもしれません。保護者が子どもをかわいく思っていること、ゆえに心配も多いことを認めつつ、ねぎらいながらも大切なことは伝えていかなければなりません。

ただこの場合でも、現況をストレートに伝えてしまうと、保護者のあり方を否定しているともとらえられます。そこが難しいところなのですが、まず十分に認め、ねぎらってから、やんわりと伝えていきます。

こんな感じで…

「おかあさんもおとうさんも、○○ちゃんのこと心配ですよね。でもだいじょうぶですよ。園ではとてもがんばっています。おうちではいかがですか？」「おうちでは甘えているみたいですね。でもおうちでたくさん甘えられるから、園でがんばれるんですよ、きっと」など。

おうちでたくさん
甘えられるから、
がんばれるんですよ

◎保護者への言葉と対応

＊**「今日ひとりで靴が履けたんです。すごい～って褒めたら、○○ちゃん、とてもうれしそうでした。おうちでも○○ちゃんがひとりでできるように、励ましてあげてくださいね」「どうでした？　おうちでもできたんですね。ひとりでできるって自信を持ったんですね」**など、ふだんから家庭での対応の大切さも伝えつつ、子どもの成長の場面をとらえながら、さりげなく援助の方法を伝えていきましょう。

＊保護者がやってあげているときはそのフォローもしながら、もし違う方向であったら、やんわりと修正していくことも大切です。

Ⅱ保護者とのよくある困った場面 その7

よい子を求めすぎる

☞園の送迎の際、ぐずる子どもに「かってにしなさい！」「ママは知りません！」と言い放つ。

◎言葉を換えて…

子どもはありのままの自分を全面的に受け入れてほしいという願いを持っています。「いい子でないとだめ」というメッセージは、子どもにとってプレッシャーでしかないでしょう。また、子どもが「ごめんなさい」と言えば済むと考えてしまうことにもなりかねません。

こうした場合、保護者には「自分はきちんとやるべきことをやっている」という思いがありますから、そのプライドを傷つけないよう、十分に注意しないといけません。ただし、子どもの思いには気づいていないので、なるべく子どもの気持ちを代弁するような形で伝えていくと効果的です。

また、「子どもとはこうしたもの」という認識があまりない場合は、「子どもだから～は難しい」などと伝えていくことも必要です。

こんな感じで…

「おかあさんが、一生懸命○○ちゃんのことを考えてやっているからですね、すごいです。できたら、たくさん褒めてあげてくださいね。おかあさんに褒められると、きっとすごくうれしいと思うんです」など。

◎保護者への言葉と対応

＊まずはきちんとやっているという保護者の行動を認めましょう。そのうえで、「○○**ちゃん、園ではとてもがんばって～していますよ。おうちではどうですか？**」と、子どもの気持ちを尊重した対応を、少しずつ伝えていきます。

＊家庭で甘えを出すことができず、なんとなく気持ちの晴れない子どももいるかもしれません。園では逆に甘えを存分に出したり、友達にあたってみたり、乱暴な行動に出たりすることもあります。こうした姿を保護者にそのまま伝えても、なかなか伝わらないでしょう。時間はかかるかもしれませんが、園ではその子どものよさを認め、甘えを受け止めつつ、そうした子どもの状態に保護者自身が気づくことができるようにしていきましょう。

Ⅱ保護者との
よくある
困った場面
その 8

教育熱が激しい、保育内容に注文が多い

☞長時間保育の子どもにもかかわらず、おけいこごとや勉強などに時間の多くを割いている。

むりやりやらせても
かわいそうなだけ
まって～!
イヤ～!
プールに
英語に
バイオリン

◎言葉を換えて…

親ならばだれしも子どもに期待を持つものですが、それがあまりにも大きくて子どもに負担があるようであれば、少しそこに気づいていただく必要があるでしょう。また、園の保育にいろいろと要望を言ってくる保護者もいます。自分のつごうだけを訴えてくる保護者には、やんわりと「**子どもにとって必要なことなので、ご協力をお願いします**」と伝えます。

◎意識を変えて…

文部科学省の『幼児期運動指針』では、子どもの体力や運動能力を育てるためには、子どもたちが広い場所を自由に走り回って遊ぶ体験が重要であるといわれています。つまり、教え込むのではなく、遊びの中で子どもたちが意欲的に取り組まなくては成果にならないということです。特に乳幼児期の発達の特性からすれば、それは当然のことです。

こんな感じで…

保護者の期待にこたえたいけれど、つらい子どもの気持ちも代弁してあげたいものです。「○○ちゃんは、おとうさん(おかあさん)のことが大好きで、とってもがんばっていますよ」「たくさん褒めてあげてくださいね」など。

自分からやろうって決めて、最後までがんばったんですよ

◎保護者への言葉と対応

＊子どもたちにとって今、何が必要なことなのか、どんな体験をさせることが生きる力をはぐくむうえで必要なのか、まさに幼児教育の基本を保護者にわかりやすく伝えてほしいものです。あらためて園の生活が子どもにとっては大事なもの、さらに教育的な意味を十分に持っていることを、自信を持って保護者に語っていただければと思います。

＊**「○○ちゃん、今日～できたんですよ、実はここ何日かずっと練習してたんです。やろうかっていってもできないからやらないって言っていたんですが、自分でやろうって決めたんですね。今日初めてできて、もうほんとうにうれしそうで、おかあさんもたくさん褒めてあげてくださいね」**と、日ごろのこんな体験が子どもを成長させたということを伝えていくことで、保護者はわかっていくと思います。

Ⅱ保護者との
よくある
困った場面
その9

健康的な生活ができない

☞食事のほとんどが菓子パンやお菓子、夜中でも子どもを連れ歩く、入浴させずに同じ服を何日も着ている。

◎言葉を換えて…意識を変えて…

子どもを育てる場合には、健康的な生活をさせることが必要になります。例えば、子どものそばでは喫煙しない、食事をバランスよくとる、入浴や衣類の洗濯など清潔に気をつける、夜しっかりと眠らせ、朝からしっかりと動けるように生活リズムを整えるなど、生きて行くうえでも大切なことですが、こうしたことが子どもにとって大事であるという意識が薄れているのが現実です。生活に余裕がないということもあるのかもしれませんが、子どもの専門家である保育者が話していくことが大事になってきます。

しかし、急にそうしなさいと言われても、すぐにできることではありません。すでに習慣になっていることを変えるのは難しいですし、家庭によってはそれがベストと思っていることも多いので、否定されたと感じれば不快なはずです。

こんな感じで…

子どもが園生活を元気で過ごせるように、「おかあさん、少しでも何か朝食を食べてから来ることは難しいですか？　○○ちゃん朝から元気がなくて、お友達ともなかなか遊びだせなくて……」など、保護者ができそうなことを具体的に提案していきましょう。

朝食を持って来て、
園で食べても
いいですよ
ナルホド

◎保護者への言葉と対応

* 「**もしおうちで食べられないようなら、持って来て園で食べてもいいですよ。食べる場所を作りますから**」など、保護者ができるようなことを具体的に提案していきましょう。「朝、わたしは食べられないの、気持ちが悪くなるから」と言っていた保護者が、「何か子どもに食べさせなくちゃ」と思って行動できたならひとつの進歩。努力を認めつつ、少しずつできることを増やしていくようになればすばらしいです。
* しかし、こうしたことも通用しない、生活力のない保護者もいます。子どもに愛情がないわけではないのですが、衣・食・住の基本的な生活が営めないとなれば、園だけでの支援は難しいです。児童相談所などと連携しながら、ようすを見守っていく必要があるでしょう。

Ⅱ保護者とのよくある困った場面 その10

保育者をあてにして要求が多い

☞本来は保護者のやるべきことも保育者にやってほしいと気軽に頼んでくる。

そんなことまでできません！自分でやるべきです
センセイお願い♡

◎言葉を換えて…

保護者の中には、この先生になら話せると思うと、話を聞いてほしいという気持ちを一気にぶつけてくる方もいます。また、自分の親のように思い切り甘えを見せてくる保護者もいて、どのように対応したらよいか、悩むところですね。保護者と親しい関係になることは大事なことなのですが、友達ではありません。保育者は子どもの育ちを共有しますが、保育のプロであり、子どもから見れば「先生」です。何でもやってくれる便利な存在になるのではなく、専門家として信頼される存在でありたいものです。原則として、気持ちは受け止めますが、家庭や保護者の事情にはあまり深く立ち入らない、つまりその点においては何もできないことを、言葉や態度でやんわりと示していく必要があります。

こんな感じで…　

「おかあさんが忙しいのはわかりますが、それはおかあさんの仕事ですよね。○○ちゃんもきっと、おかあさんがやってくれたらうれしいはずですよ」と、はっきりした態度を示すことも大事です。

忙しいのはわかりますが、それはおかあさんの仕事ですよね
あっ…

◎保護者への言葉と対応

＊若い保育者には難しい場合があるでしょう。そうしたときこそ、ベテランの出番です。「**今～しておくとね、子どものためになるし、だいじょうぶですよ**」など、ベテランだからこそできる見通しや助言をしましょう。「さすが先生」と、一目置いてくれるかもしれません。

＊ふだんは「いつでもどうぞ」という雰囲気が大事ですが、ある程度のけじめも必要なので、こちらも気をつけてようすを見ながら、折にふれて話していきましょう。くれぐれも険悪にならずに、やんわりと。

子どもをかわいがることができない

☞登園の際に子どもを怒鳴《どな》りつけるような声でしかったり、突き放すような態度で接したりする。

子どものことが
嫌いなんですか?
はなせよ
ちっ

◎言葉を換えて…意識を変えて…

時に思い切りかわいがるようなようすが見えれば、たぶん問題はないのですが、それができない、という場合もあります。保護者自身の育ちの中で、厳しくしつけられた、よい子で育ってきたという場合、また逆にどちらかといえば親とのかかわりが少なかった、どう子どもに接すればよいのかわからないなど、いろいろな場合があるでしょう。折りにふれて話を聞いていくようにしましょう。

ただ、保護者自身がいろいろ悩みを抱えているような場合は、簡単にはいかないでしょう。そういう保護者には無理に事情を聞き出そうとせず、保護者から話してくれるのを待ちましょう。子どもの姿を伝えながら、安心感が持てるような雰囲気づくりを心がけていきましょう。

こんな感じで…

わが子のかわいさに気づくようなアプローチが必要です。「○○ちゃんはおとうさん(おかあさん)のことが大好きで、いつも話してくれるんですよ」などのように、子どもの思いを伝えていくようにしましょう。

おかあさんのことが大好きで、いつも話してくれるんですよ
えっ…

◎保護者への言葉と対応

＊「おかあさん、○○ちゃんのことが心配で、ついついいろいろ気になっちゃうんですね。でも、園ではすごく○○ちゃんがんばっているし、お友達のことを手伝ってくれたりするんですよ。お話もきちんと聞ける子なので、わかるように次にどうしたらいいかを話してあげてはどうでしょうか。きっとがんばっていろいろやってくれますよ。おうちでうまくいったら教えてくださいね」「おうちではどんなお手伝い(遊び)をしてますか？」など、家庭でのようすを聞いていくようにしましょう。

＊園での子どものかわいいエピソードも伝えます。時間はかかりますが、保護者自身がわが子のかわいさに気づくようなアプローチが必要なのです。

Ⅱ保護者とのよくある困った場面 その12

ほかの保護者とトラブルになる

☞話しかけるのに少々気後れしてしまう、話しづらい、被害者意識の強い保護者など。

ほかのおかあさんたちと仲よくできませんか?

◎言葉を換えて…意識を変えて…

保護者同士が仲よくなって、子育てを助け合えるようになってくれるといいなあと願うところですが、うまくつき合えないという場合も少なくないようです。

また、日常生活の中ではトラブルも起きます。保育者が注意しなければならないことも多いのですが、けがをさせた・させられた、持ち物がなくなったなど、園に苦情となってくるだけではなく、保護者同士のトラブルに発展してしまうケースもあります。子どもが集団で生活しているところなので、ある程度はしかたがないと理解していただかなければならないこともあるでしょう。

保護者から保護者へ直接訴えるのではなく、まず園に事情を聞いてから対策を考えるなど、園に相談してほしいということを、日ごろから保護者に伝えておく必要もあります。

こんな感じで…

保護者から相談を持ちかけられたときなどに、「そういえば、○○ちゃんのおかあさんも……」と、保護者同士で情報が共有できるきっかけづくりになるようにしていきます。

○○ちゃんのおかあさんも
困ってるって言っていたけど、
聞いてみるといいですね
どーしよう…

◎保護者への言葉と対応

＊保護者会や交流会で、保護者同士が子育ての大変さや楽しさを共有できるように話をしていき、保育参加などで同じ体験を通して親睦を深めましょう。

＊子どものことで相談を持ちかけられたときなどに、「**そういえば、○○ちゃんのおかあさんも～で困っているって言っていたけれど、聞いてみるといいですね**」と、直接アドバイスをするだけでなく、情報が共有できるようにしていきます。時間はかかりますが、保護者の関係を保育者がつないでいくことを意識して、行事や保育内容を考えていくことです。

＊被害者意識の強い保護者で納得されない場合は、担任だけでなく園長や主任が間に入ります。園側の誠意ある対応を見せることで、ある程度は理解していただけると思います。

Ⅱ保護者との
よくある
困った場面
その13

精神的な病・発達障碍《しょうがい》などを抱える保護者（虐待なども想定される）

☞話が通じない、気分の浮き沈みが激しい、こちらの伝えたいことを理解できない。

（本人に向かって）
一度病院で診てもらったほうがいいのでは？

◎言葉を換えて…意識を変えて…

必ず、役所や保健所などとの連携の中で行なうようにしましょう。担任だけで対応していると負担になってしまうので、園全体で対応していきます。ただ、園でできることも限られるので、子どもに影響があるような場合は、児童相談所へ必ず報告しながら判断を仰ぎましょう。子どもにとっていちばんよい状況になるように考えて、地域諸機関をはじめ、あらゆるところに協力を求めていく必要があります。

いろいろなケースがあるので一概にはいえませんが、このような場合は子どもの生活にも支障が出てくる可能性が高いので、注意して見ていきます。

こんな感じで…

家族のどなたかを通してお話しする、必要最小限のことをわかりやすく、時には図示するなどして、わかってもらえるような工夫をする必要があります。

（家族・親族やそのほかの方々に）
みんなで
支えていきましょう

◎保護者への言葉と対応

＊話が通じないようなら、話を手短に打ち切ってようすを見ましょう。

＊気分の浮き沈みが激しい場合は、大事なことを伝えないほうが賢明です。

＊保護者がこちらの伝えたいことを理解できないような場合は、家族のどなたかを通してお話しできればいちばんよいのですが、それもできないようなら、必要最小限のことをわかりやすく、時には図示するなどして、わかってもらえるような工夫をする必要があります。

Ⅱ保護者との
よくある
困った場面
その14

外国人の保護者

☞コミュニケーションをうまく図ることが難しい。

(日本語で一方的に)
もっと日本のことを学んでください!
ワカリマセン
?

◎言葉を換えて…

ローマ字などの筆談でも通じるのであれば助かるのですが、毎日の送迎の際などにいろいろやってみて、よい方法を探っていくしかありません。

◎意識を変えて…

国によって子育ての考え方も価値観もいろいろです。わたしたち日本人には理解しがたいことも、その国ではあたりまえかもしれません。逆に日本人の文化や風習などで、驚くこともたくさんあるでしょう。また、文化の違いからトラブルが起きることもあります。例えば、どちらかといえばあまり争いを好まず､「まあまあ」と納めようとする日本の考え方と違って、自分の子どもに少しでも何かがあれば、すぐに感情的に訴えてくる方もいます。

こんな感じで…

こちらから歩み寄りながら、毎日の送迎の際などにいろいろ試してみて、よいコミュニケーション方法を探っていくしかありません。

(いちばん伝わりやすい方法で)
あなたの国のことを教えてください
I'm happy to!
Tell us about your country.

◎保護者への言葉と対応

＊まずは自分の中の「あたりまえ」を外して、その家庭の文化や子育ての考え方を理解することに努めましょう。家庭と園であまりにも格差があると、とまどうのは子どもです。子どもが園でも家庭でも楽しく生き生きと生活できるように、こちらから歩み寄ることが大事です。

＊文化や風習の違いに初めは驚きますが、子どもへの愛情がより深いと解釈しましょう。子ども同士がすでに慣れてしまっている場合が多いので、保護者間でも安心してもらえるように、よりていねいに子どもの姿を伝えていくことが必要です。

えっ…

Ⅲ ※要録記入の よくある 困った場面での 魔法のことばがけ

(ネガ➡ポジ・言い換え×14)

※ここでは、

「保育所児童保育要録」

「幼稚園幼児指導要録」

「認定こども園こども要録」

を総称して「要録」としています。

- 幼稚園・認定こども園では、各年齢ごとに書くことになっています。各年齢なりの読み取りをしてください。
- 発達障碍《しょうがい》を疑う前に、その子どもをより理解しようとしてみることも大切です。
- 文例ではなく要録記入によって、その子どものよりよい育ちができるために書くのだと、再認識しながら読み進めてください。

いろいろな行動に時間がかかる

☞細かいことが気になってなかなか前に進めない。

着脱が苦手で、保育者が手伝わないとできないでいる。

◎なぜそう言い換えるのか

集団で子どもたちを見ていると、どうしても行動が遅くなってしまう子どもは少なからずいるものです。ついていかなければという気持ちがありながらも、きちんとやらないと納得できないので、周りを気にしながらということがなかなかできないでいる子どもです。

要領が悪いといえばそうなりますが、まじめにコツコツと努力を惜しまない実直さを備えているともいえます。よく見ていく必要がありますね。

まじめできちょうめんな性格の子どもは、ほかの子どもたちの動きに後れがちで、保育者からも保護者からも「早くして！」と言われ続けることが多いようです。本人なりにやり遂げたいという気持ちはあるので、子ども自身が納得できるような説明が必要です。

何事にも慎重で、生活の中でも自分で納得できるまできちんとやろうとする。

◎プラスの意識になるコツ

行動が遅くて気になる子どもには、それなりに理由があるものです。保育者に手をかけてほしくてグズグズしているのかもしれませんし、家庭ですべてやってもらっているので自分でやろうとは思わない子どももいるでしょう。そうした理由に応じて、事態を改善することが必要です。

生活習慣にかかわることは毎日行なうものなので、子どもも保育者も、ストレスが大きくなってしまう可能性があります。早めに対処しましょう。

Ⅲ要録記入の
よくある
困った場面
その2

うまくいかないと、イライラして乱暴に

☞カンシャクの強い子とだけ見ていませんか。

自己主張が強く、気に入らないことがあると周りの物や人に当たり散らす。

◎なぜそう言い換えるのか

自分の思いをしっかり伝えようとするのは大事なことです。しかし、わかってもらえるように説明しようとすることも、合わせて学ばなければなりません。自分の思いは自分だけでは実現できないと学んだとき、人の気持ちや思いにも気づけるようになります。

就学までには、わかってもらえるように伝えることをやってみるようになってほしいところですね。これも長い目で見ていく必要があるからです。

子どもを今一度理解し直そう…

自分の思うこと、やりたいことがたくさんあり、なおかつそれを実現させようとする気持ちが強い子どもは、うまくいかないとイライラが募って乱暴な行動に出てしまう場合があります。周囲は「またか」と敬遠してしまい、悪循環に陥りがちです。

自分の意思をしっかり持ってきちんと主張はできるが、わかってもらえるように話すことはまだ少し苦手である。

◎プラスの意識になるコツ

伝えたい思いがあることをまず評価しましょう。その伝えたい思いを保育者がしっかりと受け止めて言葉で返すことで、本人も何を伝えたいのか、整理ができます。

「あ～またか……」と、受け止められないままでいると、悪循環は断ち切れません。**「～したいんだね、したかったんだね」「～って言えば～してくれたかもしれないよ」**などと、わかりやすく説明してください。

おとなしい子ども

☞見落とさず、なぜなのかを見極めていく。

いつもおとなしく、ほかの友達とかかわろうとする意欲が足りない。

◎なぜそう言い換えるのか

友達とかかわらないのは、関心がないのか、あるけれどできないでいるのかをよく見極める必要があります。就学前の時期でも関心がないとなれば、発達上の心配も出てきます。あるけれどできないのであれば、保育者がかかわり方を伝えていく必要がありますね。

子どもが困っていること、問題をきちんと見抜くのも、保育者の仕事です。

自分のやりたいことや思いはあるものの、強く主張してくる子どもや仲間に入れてくれないようなときには、それを引っ込めざるを得ないこともあります。どうかかわったらよいのか悩んでしまうようなこともあるでしょう。

友達とかかわろうとする気持ちはあるのだが、相手に拒否されたり強く言われたりすると何も言えずにいる（友達のことはよく見ていて、関心はあるようだ）。

◎プラスの意識になるコツ

　主張の強い子どもは目だつので、保育者がすぐに対処していくことになりますが、おとなしい子どもは見落としがちです。こうした子どもはそのままにされている場合も多いでしょう。おとなしい子どもこそ、よく見ていきましょう。

　このような子どもは周囲に合わせて行動していますから、よけいに目だたない存在になります。あえてその子どもに注目して、一日のようすを記録してみると、子どものよいところを知るのに効果的です。

Ⅲ要録記入のよくある困った場面 その4

あれもこれもと、飽きっぽい

☞いろいろなことに関心が向くのは悪いこと？

注意力散漫で集中力がなく、ひとつの遊びにじっくり取り組めない。

◎なぜそう言い換えるのか

いろいろな遊びをやってみようとまず取り組んでいるのはよいことですが、あちらこちらと落ち着かずに動き回る姿を見ると、注意力散漫と判断してしまいがちです。じっくりと取り組みたい遊びにまだ出会えていないのかもしれません。

子どもなりに「ああでもない、こうでもない」とやってみることで満足している場合も考えられますが、思いや意欲があることは受け止める必要がありそうです。

子どもを今一度理解し直そう…

子どもは本来、好奇心旺盛に動き回って遊びを探していくものです。年齢が大きくなってくると、自分の興味や関心に添ってじっくりと取り組むような姿も見えてきます。また、友達とかかわることで、その興味や関心がますます広がっていくこともあります。

いろいろなことに興味や関心があり、
なんでもやってみたい思いが強い。

○○ちゃんとね、
おえかきしてたら
△△マンがね…

◎プラスの意識になるコツ

ひとつの遊びにじっくりと取り組むのはほんとうにすばらしいことですし、そうできるように保育者は援助していく必要があります。しかし、子どもにはいろいろなタイプがあって、必ずしもすぐにそうした状態になるとは限りません。子どものようすをよく見て、満足感を感じているかどうかを見極めていく必要があります。本人が今の取り組みを不本意と感じているのであれば、その要因を取り除いていけるようにしていきましょう。

Ⅲ要録記入の
よくある
困った場面
その5

欠席しがちで、なじめない

☞大切にしたい、よさをとらえようとする保育者の視点。

母親のつごうでお休みすることが多いので、友達ができなくてさみしそう。

◎なぜそう言い換えるのか

家庭の事情とはいえ、子どもには納得できないこともあるでしょう。子どもの力ではどうすることもできませんから、保護者に協力を求めなければなりません。

子ども本人は、それなりに園での生活を楽しみたい、友達とかかわって遊びたいという気持ちがきっとあるはずです。そうした気持ちが現れている姿こそ、保護者に伝える必要があるのです。保育者がまず、子どもの気持ちをきちんと受け止めることが重要だからです。

年齢が大きくなってきて家庭や保護者のつごうで休むことが多いと、友達との関係や継続的な活動への取り組みに支障が出てきます。教育的な観点からも、保護者に協力を依頼していく必要があるでしょう。要録にどう書くかより、大切なことを見過ごさないことです。

家庭の事情による欠席が多く、園の生活になかなかなじめないことが多いが、本人なりに、なんとかがんばろうとしている。

◎プラスの意識になるコツ

休みが多い子どもには、どうしても保育者も周囲の子どももクラス集団の一員としての意識が薄くなってしまいます。園で充実した生活を送るために、できるだけ来ていただけるよう、保護者に繰り返し伝えましょう。

園での子どもの生き生きした姿を伝えていくことで、保育者自身もあらためてクラス集団のあり方を意識することができます。周囲の子どもにも意識させるように、言葉をかけていきましょう。

Ⅲ要録記入のよくある困った場面 その6

口汚くののしる、暴言を吐く

☞そうしてしまう本人の気持ちになってみる。

気に入らないことがあると暴言を吐くので、周りの友達から敬遠されている。

◎なぜそう言い換えるのか

ほんとうは先生や友達に受け入れてもらいたい、仲よく楽しくかかわりたいという強い気持ちがあるために、うまくいかないとイライラしてしまうという状況があるからです。保育者はその気持ちをくみ取って、きつい言葉を吐かざるを得ない本人の思いに寄り添うことが、今必要な働きかけといえます。どうしたらうまくいくのか、保育者もいっしょに考えていくことが必要です。

子どもを今一度理解し直そう…

こうした子どもは、自分自身も周囲も悪循環に陥っていることが多いものです。「先生や友達に嫌われている」と思っていると、つい言葉がきつくなる。そうした言葉を聞くと、周囲も「やっぱりこの子は……」と思ってしまう、というような調子です。

友達とじょうずにかかわろうとする気持ちはあるが、うまくいかないと気持ちが高ぶってしまう。

◎プラスの意識になるコツ

暴言そのものに翻弄されないことです。「なんでそんなことを言うの!!」と、つい売り言葉に買い言葉状態になってしまいますが、注目するのは言葉ではなく本人の心情です。そうした言葉を言った後、本人は決してよい気持ちでもすっきりした気持ちでもないでしょう。「**〜ちゃん、そんなことを言ったらみんながいやな気持ちになること、わかっているよね。でも言っちゃうんだよね。だから〜って言ってみたら？**」などと、本人がやってみようかなと思えるような方策を提案します。

言うことを聞かない

☞生きる力のある子と見てみては……。保育者を困らせると思うだけでは……。

保育者の言うことを聞かず、かってに行動してしまう。

◎なぜそう言い換えるのか

こうした子どもは、意外にも力のある場合が多いです。みんなで取り組むことはもうつまらないから、先生の話を聞くのもあまり気が進まないようです。こうした子どもの力をどのように認めていくかが、保育するうえではたいへん重要になってくるからです。

まず意欲を認めながら、生活するうえでは先生も大事なことを話しているということをしっかりわかってもらえるよう、話していく必要があります。

みんなで話を聞いているとき、わかっていることを先取りして大きな声で言ってしまったり、「しってるよー」と言いながら聞かないでいたりする子どもがいるものです。自分のやりたいことはだれよりも意欲的ですが、そうでないことはまったく関心がないようすです。

たいへん意欲的で、いろいろな力を持っているが、周囲の状況に気づかないこともある。

◎プラスの意識になるコツ

集団で保育を進めていくには、ひとりひとりの子どものよさをクラス運営に生かしていくことが必要です。そのためには、担任がその子どものよさをどう発見し、理解し、求めているかにかかっています。特に、担任が思っている以上に力を発揮したがっている子どものようすを見逃さないことが、保育者としての力量ともいえます。子どもにこうなってほしいという願いを押しつけているだけでは、成長は期待できません。

食べ切れない、食べるのが遅い

☞残してしまうのを悪いことと決めつけずに。

食事のとき、いつも残してばかりいる。

きょうも
のこし
ちゃった
もう
おなか
いっぱい

◎なぜそう言い換えるのか

ほんとうに子どもはさまざまです。体格のよい子どももいれば小柄な子どももいます。必要な食事の量もさまざまなはずです。ところが、食の細い子どもにとってはつらい状況であることが時々見受けられます。食育としても、食を楽しむことがいちばんの目的であるはずです。食が細くても元気で意欲的に生活できているなら、なんの問題もありません。残すことが問題なのではなく、その子どもの生活全体を見る必要があるからです。

園の給食では、食物アレルギーがある子ども以外、最初はクラス全員に同じ献立・同じ量を盛り付けることが多いようです。そうなると、食の細い子どもは食べ終わるまで時間がかかるうえに、残さずに食べるということにプレッシャーを感じてしまう場合もあります。

食が細く、意欲的に食べるほうではないが、遊びや生活に問題はない。

◎プラスの意識になるコツ

小食の子どもや好き嫌いの多い子どもは、給食でつらい思いをする場合が多いようです。好き嫌いなくなんでも残さずに食べるのはよいことですが、それが教育の目的ではありません。食育とは、食を楽しみ食にみずからかかわっていく姿勢をつくることです。毎日の食事もその精神が生かされなければなりません。成長してから「給食がつらかった」と語るようなことは、絶対にあってはならないのです。そこは肝に銘ずる必要があります。

表情が乏しい

☞「いつも……」と決めつけていないでしょうか。

いつもボーッとしている。喜怒哀楽が
はっきりしない。

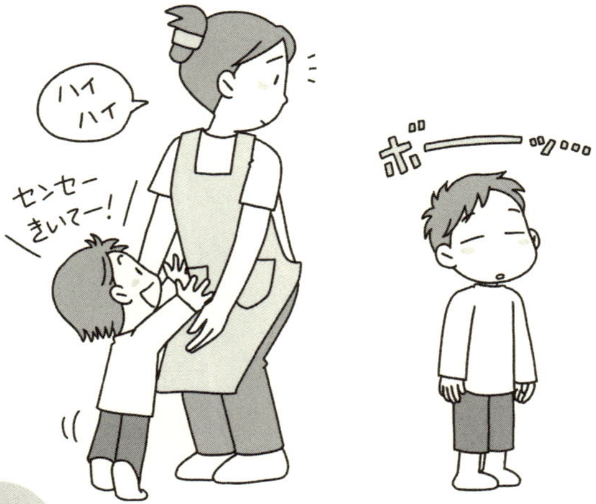

◎なぜそう言い換えるのか

ボーッとしているように見えますが、実はコツコツと自分なりにやりたいことを、自分のペースで進めているのかもしれません。友達とかかわらないように見えても、じっくりと観察している場合もあります。子どものようすをよく見てみましょう。

もし生活全体に活力がないということであれば、家庭での生活に問題があるのかもしれません。その場合は保護者と十分に話す必要があります。

保育者に聞いてほしいこと、やってほしいことを次々と怒涛のように訴える子どもが多い中、物静かであまり保育者の目に留まらない子どもがいます。「あの子は今日、何をしていたんだろう……」と、思い出すのに時間のかかる子どもが、何人かはいるものです。

あまり感情を表に出すことなく、マイペースを保ち、穏やかで温厚なようすである。

◎プラスの意識になるコツ

「いつも……」と子どもや保護者をとらえがちですが、きっと「いつも」ではありません。同じような場合はあるかもしれませんが、少しずつ違っているはずです。特に子どもは成長の途中ですから、変化が必ずあるはずです。「いつも」ととらえることは、そうした小さな変化を見逃してしまうことにもなりかねません。

むしろ、「いつも違うもの」と認識して、ようすをとらえていけるようにしましょう。

けんかばかりしている

☞けんか……葛藤経験があってこそ育つものも。

友達とのけんかが絶えない。

◎なぜそう言い換えるのか

自分がやりたいことや、好きなように遊びを進めたいなどの思いがはっきりしてくると、子ども同士でトラブルが発生します。友達といっしょに遊ぶ楽しさもわかってくるので、いっしょに遊ぼうという気持ちはおおいにあるはずなのですが、まず自分の思いが先になってしまうので、まだ人の思いに気づかないというところに原因があるのでしょう。友達とかかわろうとするからトラブルも起きてくるのです。

園生活では、必ずしも自分の思うように物事が進むわけではなく、友達とのぶつかり合いもありながら、ルールを守ったり、みんなで気持ち良く生活していくためにやらなければならないことがあったりします。そこに家庭とは違った園生活の意義があります。

自己主張も強いが、友達とかかわりたいという意欲がとても強い。

◎プラスの意識になるコツ

トラブルが起きると、「ああ、また……」と思ってしまうことが多いものです。保育者の大変さは理解できますが、それも子どもたちが社会性を学ぶためには必要なことなのです。

トラブルはあってはならないものではなく、子どもたちが成長するチャンスです。もちろん、けがなどには気をつけなければなりませんが、お互いの思いが見えてくるような場面にしていきましょう。必要であれば、保育者がきちんと介入します。

だるそうにしている

☞原因は何かを見極めようとしていますか。

動きが鈍くいつもだるそうにしている。

◎なぜそう言い換えるのか

いつもだるそう子どもが、そうでなくなることがあるのかどうか、見ていくことが必要です。いつどのような状況なら元気よく活動しているのかよく観察します。それによって原因を探ることができるからです。

この場合は例として、家庭での生活リズムが主な原因で、昼食後からは元気になってくると想定しています。逆にいつもは元気なのに……という場合は、病気なども考えられます。

ほかの子どもが元気に動き回っていても、ゴロゴロしていてなかなか遊びだせない子どもがいます。多くは生活リズムなど、家庭での生活のしかたに原因がある場合が多いようです。家庭での生活がうまくいっていない場合は、保護者とよく話していく必要があります。

元気に動けないこともあるが、昼食前後からは少しずつ活動できる。

◎プラスの意識になるコツ

　どんなことでもそうなのですが、子どもの行動には意味があり、そうした状況にならざるを得ない原因が必ずあるものです。それが子ども自身と保育者が努力しても改善できないというものなら、保護者にも協力を求めなければなりません。

　そのときに、園での子どものようすを詳細に伝えることで、どうしたら今の状況を改善できるのか、家庭で気づいていただける可能性も出てくるのです。

だれかの言いなり

☞その子はどう考えてそうしているのかを読み取る。

自分の考えを表現できず、リーダー的な子どもの言うとおりの行動しかできない。

〜は〜だからね!!
○○ちゃんは〜だよ!!
うん
うん
うん
そうだね
リーダー
言いなりだなあ…

◎なぜそう言い換えるのか

ひとりで行動するより、みんなで何かをするほうがいいと思っていれば、その子どもなりに集団になんとかなじもうとするでしょう。結果だけを見てしまいがちですが、その子どもがどんな思いを抱いて集団の中にいるのか、そこを読み取っていく必要があります。

子どもが楽しんでいないようなら、援助が必要になってくると思います。しかしどのような場合でも、その子どもがどうしたいと思っているのかを理解することが先決です。

子どもを今一度理解し直そう…

集団で遊んだり行動したりすることに慣れてくると、リーダー的な子どもが見えてきます。同時に何も言わず従うだけの子どももいて、保育者から見ると、もっと自己主張してほしいと思うこともあるようです。

友達といっしょに遊ぶことや行動することが、今は楽しいようすである。

◎プラスの意識になるコツ

大人の社会でも似たようなことはよくあるのではないでしょうか。「長いものには巻かれろ」と言われているように、それも社会に適応していくための知恵であることは確かでしょう。大人でも難しいことを子どもに要求するのは困難なことです。

幼児教育では、保育者がひとりひとりをよく見て、その気持ちをくみ取ろうとする姿勢を見せていくこと、それがすなわち子ども同士が互いによりよい関係を築いていく出発点になります。

自己チュー

☞子どもは元々自己中心的なものでは……。

何事にも自己中心的で周りが見えない。

ダメ!
ひとりで
つかうの!
いっしょに
つかおうよー
BLOCK

◎なぜそう言い換えるのか

ほとんどの子どもが、園ではそう簡単にわがままは通じるものではないと学んで、行動のしかたを身につけますが、中にはなかなかそうならず、幼いままの子どももいるものです。特に家庭で末っ子だったり、わがままを必要以上に許してもらえるような状況だったりする子どもによく見られます。その場合は、少し時間がかかるケースと受け止めることが必要だからです。

子どもを今一度理解し直そう…

自分の要求が通らないと、泣いたり暴れたりしてそれを通そうとする子どもがいます。家庭ではそれもしかたがないと許してくれるかもしれませんが、園ではそうはいきません。そのような子どもは生活全般に幼いようすが見られることがよくあります。

まだ幼い一面があり、自分のやりたいこと、実現させたいという思いが強い。

◎プラスの意識になるコツ

集団保育の効果が成長のようすとしてすぐ出てくる子どもと、そうではない子どもがいるものです。その差は家庭での生活や今までの経験による要素が大きく、個人差もあり、同じように成長や変化はしないものです。

さらにそのときによって、後戻りしたり逆効果になったりするようなこともあるので、簡単に結果が出ることを期待せずに、子どもの成長は長い目で見ていくようにしましょう。

慌てんぼうさん

☞一番になりたい……だから聞くことが大切と知らせる。

保育者の話を最後まで聞けない。

◎なぜそう言い換えるのか

集団での子どもたちのようすを見ていると、一番になることはとても誇らしく、うれしく思うようです。一番にこだわる子どももよくいるようです。そのことはとてもよいことなので、まずはその気持ちを受け止めることが大いに必要です。

一番になることだけがよいことなのではなく、一番になるためにがんばろうとすることがすばらしいのだ、ということも伝えていきたいものですね。

子どもを今一度理解し直そう…

保育者が次の手だてや見通しを話している途中でも、とにかく早くやりたくて、話が終わる前に飛び出そうとする子どもがいます。体はソワソワと足踏みしているような状態で、話をよく聞いていないので、結局、まちがえたり失敗したりしてしまいます。

慌てたり失敗したりすることもあるが、みんなの中で一番になりたいという気持ちが強い。

◎プラスの意識になるコツ

一番になりたい子どもは、きっと園生活が楽しく充実しているのだと思います。友達とのかかわりがだんだんと深まり、「○○ちゃんはすごいね」と思われたくなってきたのです。それは子どもの大事な成長のひとつです。

子どもの見せる姿には、必ず成長につながる何かがあります。保育者がそれを見抜くことが何より重要で、それを見つけようとすることが子どもの成長、さらには保育者自身の成長にもつながっていくことになるのです。

＜著者＞
塩谷　香（しおや　かおり）

東京成徳大学　子ども学科　教授
元公立保育園　園長
長年にわたり、現場の保育に携わる。
その経験を生かし、後進の養成にかかわっている。
月刊・保育とカリキュラム編集チーフ

STAFF
イラスト
おかじ・伸

本文レイアウト
永井一嘉

企画・編集　安藤憲志

校正　堀田浩之

ひかりのくに保育ポケット新書⑫
保育がうまくいく魔法のことばがけ①
子どもの　保護者との　要録記入の　困った場面　ネガ→ポジ・言い換え48

2013年9月　初版発行
2017年1月　4版発行

著　者　塩谷　香
発行人　岡本　功
発行所　ひかりのくに株式会社

〒543-0001　大阪市天王寺区上本町3-2-14　郵便振替00920-2-118855　TEL.06-6768-1155
〒175-0082　東京都板橋区高島平6-1-1　郵便振替00150-0-30666　TEL.03-3979-3112
ホームページアドレス　http://www.hikarinokuni.co.jp

Printed in Japan
ISBN978-4-564-60830-8
NDC376　112P　17×10cm

印刷所　図書印刷株式会社